正信偈　真四句目下

念仏和讃　五淘・弥陀大悲の誓願を

人身《にんじん》受け難《がた》し、いますでに受く。仏法《ぶっぽう》聞き難《がた》し、いますでに聞く。この身今生《みこんじょう》におおいて度せずんば、さらにいずれの生《しょう》においてかこの身を度せん。大衆《だいしゅう》もろともに、至心に三宝《さんぼう》に帰依《きえ》し奉《たてまつ》るべし。

自ら仏に帰依したてまつる。まさに願わくは衆生とともに、大道《だいどう》を体解《たいげ》して、無上意《むじょうい》を発《おこ》さん。

自ら法に帰依したてまつる。まさに願わくは衆生とともに、深く経蔵《きょうぞう》に入《い》りて、智慧《ちえ》海のごとくならん。

自ら僧《そう》に帰依したてまつる。まさに願わくは衆生とともに、大衆《だいしゅう》を統理して、一切無碍ならん。

無上甚深微妙《じんじんみみょう》の法は、百千万劫《ごう》にも遭遇《あいあ》うこと難《かた》し。我いま見聞《けんもん》し受持《じゅじ》することを得たり。願わくは如来の真実義を解《げ》したてまつらん。

記号

「●」……磬（鈴）を打つことを示す

「○」……調声人のみが発声することを示す

正信偈

真四句目下

帰《き》命《みよう》無《む》量《りよう》壽《じゆ》如《によ》来《らい》

南《な》無《む》不《ふ》可《か》思《し》議《ぎ》光《こう》

法《ほう》藏《ぞう》菩《ぼ》薩《さ》因《いん》位《に》時《じ》

在《ざい》世《せ》自《じ》在《ざい》王《おう》佛《ぶつ》所《しよ》

觀《と》見《けん》諸《しょ》佛《ぶ》淨《じょう》土《ど》因《いん》

國《こく》土《ど》人《にん》天《でん》之《し》善《ぜん》惡《まく》

建《こん》立《りゅう》無《む》上《じょう》殊《しゅ》勝《しょう》願《がん》

超《てう》發《ほ》希《け》有《う》大《だい》弘《ぐ》誓《ぜい》

五《ご》劫《こう》思《し》惟《ゆい》之《し》攝《しょう》受《じゅ》
重《じゅう》誓《せい》名《みょう》聲《しょう》聞《もん》十《じッ》方《ぽう》
普《ふ》放《ほう》無《む》量《りょう》無《む》邊《へん》光《こう》
無《む》碍《げ》無《む》對《たい》光《こう》炎《えん》王《のう》

清《しょう》浄《じょう》歓《かん》喜《ぎ》智《ち》慧《え》光《こう》
不《ふ》断《だん》難《なん》思《し》無《む》称《しょう》光《こう》
超《てう》日《にち》月《がッ》光《こう》照《せう》塵《じん》刹《せ》
一《いッ》切《さい》群《ぐん》生《じょう》蒙《む》光《こう》照《せう》

本《ほん》願《がん》名《みよう》號《ごう》正《しよう》定《じよう》業《ごう》

至《し》心《しん》信《しん》樂《げう》願《がん》爲《に》因《いん》

成《じよう》等《とう》覺《がく》證《しよう》大《だい》涅《ね》槃《はん》

必《ひツ》至《し》滅《めツ》度《ど》願《がん》成《じよう》就《じゆ》

如《によ》來《らい》所《しょ》以《い》興《こう》出《しゅッ》世《せ》
唯《ゆい》説《せ》彌《み》陀《だ》本《ほん》願《がん》海《かい》
五《ご》濁《じょく》惡《あく》時《じ》群《ぐん》生《じょう》海《かい》
應《おう》信《しん》如《によ》來《らい》如《によ》實《じッ》言《ごん》

能《のう》發《ほ》一《いち》念《ねん》喜《き》愛《あい》心《しん》

不《ふ》斷《だん》煩《ぼん》惱《のう》得《とく》涅《ね》槃《はん》

凡《ぼん》聖《しよう》逆《ぎやく》謗《ほう》齊《さい》廻《え》入《にう》

如《によ》衆《しゆう》水《し》入《にう》海《かい》一《いち》味《み》

攝《せッ》取《しゅ》心《しん》光《こう》常《じょう》照《しょう》護《ご》
已《い》能《のう》雖《すい》破《は》無《む》明《みょう》闇《あん》
貪《とん》愛《ない》瞋《しん》憎《ぞう》之《し》雲《うん》霧《む》
常《じょう》覆《ふ》眞《しん》實《じ》信《しん》心《じん》天《てん》

譬《ひー》如《にょ》日《にッ》光《こう》覆《ふー》雲《うん》霧《むー》
雲《うん》霧《むー》之《しー》下《げー》明《みょう》無《むー》闇《あん》
獲《ぎゃく》信《しん》見《けん》敬《きょう》大《だい》慶《きょう》喜《きー》
即《そく》横《おう》超《てう》截《ぜー》五《ごー》悪《あく》趣《しゅー》

一《いっ》切《さい》善《ぜん》惡《まく》凡《ぼん》夫《ぶ》人《にん》

聞《もん》信《しん》如《にょ》來《らい》弘《ぐ》誓《ぜい》願《がん》

佛《ぶっ》言《ごん》廣《こう》大《だい》勝《しょう》解《げ》者《しゃ》

是《ぜ》人《にん》名《みょう》分《ふん》陀《だ》利《り》華《け》

彌《み》陀《だ》佛《ぶ》本《ほん》願《がん》念《ねん》佛《ぶ》
邪《じゃ》見《けん》憍《けう》慢《まん》惡《あく》衆《しゅ》生《じょう》
信《しん》樂《げう》受《じゅ》持《じ》甚《じん》以《に》難《なん》
難《なん》中《ちう》之《し》難《なん》無《む》過《か》斯《し》

印《いん》度《ど》西《さい》天《てん》之《し》論《ろん》家《げ》
中《ちう》夏《か》日《じち》域《いき》之《し》高《こう》僧《そう》
顯《けん》大《だい》聖《しょう》興《こう》世《せ》正《しょう》意《い》
明《みょう》如《によ》來《らい》本《ほん》誓《ぜい》應《おう》機《き》

釋《しゃ》迦《か》如《にょ》來《らい》楞《りょう》伽《が》山《せん》

爲《い》衆《しゅ》告《ごう》命《みょう》南《なん》天《てん》竺《ちく》

龍《りゅう》樹《じゅ》大《だい》士《じ》出《しゅッ》於《と》世《せ》

悉《しッ》能《のう》摧《ざい》破《は》有《う》無《む》見《けん》

宣《せん》説《ぜ》大《だい》乗《じょう》無《む》上《じょう》法《ほう》

證《しょう》歡《かん》喜《ぎ》地《じ》生《しょう》安《あん》樂《らく》

顯《けん》示《じ》難《なん》行《ぎょう》陸《ろく》路《ろ》苦《く》

信《しん》樂《げう》易《い》行《ぎょう》水《し》道《どう》樂《らく》

憶《おく》念《ねん》彌《み》陀《だ》佛《ぶ》本《ほん》願《がん》

自《じ》然《ねん》即《そく》時《じ》入《にう》必《ひッ》定《じよう》

唯《ゆい》能《のう》常《じよう》稱《しよう》如《によ》來《らい》號《ごう》

應《おう》報《ほう》大《だい》悲《ひ》弘《ぐ》誓《ぜい》恩《おん》

天《てん》親《じん》菩《ぼ》薩《さ》造《ぞう》論《ろん》說《せ》
歸《き》命《みょう》無《む》碍《げ》光《こう》如《にょ》來《らい》
依《え》修《しゅ》多《た》羅《ら》顯《けん》眞《しん》實《じ》
光《こう》闡《せん》橫《おう》超《てう》大《だい》誓《せい》願《がん》

廣《こう》由《ゆ》本《ほん》願《がん》力《りき》廻《え》向《こう》
爲《い》度《ど》群《ぐん》生《じよう》彰《しよう》一《いッ》心《しん》
歸《き》入《にう》功《く》德《どく》大《だい》寶《ほう》海《かい》
必《ひッ》獲《ぎやく》入《にう》大《だい》會《え》衆《しゅ》數《しゅ》

得《とく》至《し》蓮《れん》華《げ》藏《ぞう》世《せ》界《かい》

即《そく》證《しょう》眞《しん》如《にょ》法《ほッ》性《しょう》身《しん》

遊《ゆ》煩《ぼん》惱《のう》林《りん》現《げん》神《じん》通《づう》

入《にゅう》生《しょう》死《じ》薗《おん》示《じ》應《おう》化《げ》

本《ほん》師《じ》曇《どん》鸞《らん》梁《りょう》天《てん》子《し》
常《じょう》向《こう》鸞《らん》處《しょ》菩《ぼ》薩《さッ》禮《らい》
三《さん》藏《ぞう》流《る》支《し》授《じゅ》浄《じょう》敎《けう》
焚《ぼん》燒《しょう》仙《せん》經《ぎょう》歸《き》樂《らく》邦《ほう》

天《てん》親《じん》菩《ぼ》薩《さ》論《ろん》註《ちう》解《げ》
報《ほう》土《ど》因《いん》果《が》顕《けん》誓《せい》願《がん》
往《おう》還《げん》廻《え》向《こう》由《ゆ》他《た》力《りき》
正《しょう》定《じょう》之《し》因《いん》唯《ゆい》信《しん》心《じん》

上

惑《わく》染《ぜん》凡《ぼん》夫《ぶ》信《しん》心《じん》發《ほ》

證《しょう》知《ち》生《しょう》死《じ》即《そく》涅《ね》槃《はん》

必《ひッ》至《し》無《む》量《りょう》光《こう》明《みょう》土《ど》

諸《しょ》有《う》衆《しゅ》生《じょう》皆《かい》普《ふ》化《け》

道《どう》綽《しゃく》決《けつ》聖《しょう》道《どう》難《なん》證《しょう》

唯《ゆい》明《みょう》淨《じょう》土《ど》可《か》通《つう》入《にう》

萬《まん》善《ぜん》自《じ》力《りき》貶《へん》勤《ごん》修《しゅ》

圓《えん》滿《まん》德《とく》號《ごう》勸《かん》專《せん》稱《しょう》

三《さん》不《ぷ》三《さん》信《しん》誨《け》慇《おん》懃《ごん》
像《ぞう》末《ま》法《ほう》滅《め》同《どう》悲《ひ》引《いん》
一《いっ》生《しょう》造《ぞう》悪《あく》値《ち》弘《ぐ》誓《ぜい》
至《し》安《あん》養《にょう》界《かい》證《しょう》妙《みょう》果《か》

○善《ぜん》導《どう》獨《どく》明《みよう》佛《ぶつ》正《しよう》意《い》

上矜《こう》哀《あい》定《じよう》散《さん》與《よ》逆《ぎやく》惡《あく》

光《こう》明《みよう》名《みよう》號《ごう》顯《けん》因《いん》縁《ねん》

開《かい》入《にう》本《ほん》願《がん》大《だい》智《ち》海《かい》

行《ぎょう》者《じゃ》正《しょう》受《じゅ》金《こん》剛《ごう》心《しん》
慶《きょう》喜《き》一《いち》念《ねん》相《そう》應《おう》後《ご》
與《よ》韋《い》提《だい》等《とう》獲《ぎゃく》三《さん》忍《にん》
即《そく》證《しょう》法《ほッ》性《しょう》之《し》常《じょう》樂《らく》

源《げん》信《しん》廣《こう》開《かい》一《いち》代《だい》敎《けう》
偏《へん》歸《き》安《あん》養《によう》勸《かん》一《いッ》切《さい》
專《せん》雜《ぞう》執《しゅう》心《しん》判《はん》淺《せん》深《じん》
報《ほう》化《け》二《に》土《ど》正《しょう》辨《べん》立《りう》

極《ごく》重《じう》惡《あく》人《にん》唯《ゆい》稱《しよう》佛《ぶ》

我《が》亦《やく》在《ざい》彼《ひ》攝《せツ》取《しゆ》中《ちう》

煩《ぼん》惱《のう》障《しよう》眼《げん》雖《すい》不《ふ》見《けん》

大《だい》悲《ひ》無《む》倦《けん》常《じよう》照《せう》我《が》

本《ほん》師《じ》源《げん》空《くう》明《みよう》佛《ぶッ》敎《けう》
憐《れん》愍《みん》善《ぜん》惡《まく》凡《ぼん》夫《ぶ》人《にん》
眞《しん》宗《しゆう》敎《けう》證《しよう》興《こう》片《へん》州《しゆう》
選《せん》擇《じやく》本《ほん》願《がん》弘《ぐ》惡《あく》世《せ》

還《げん》來《らい》生《しよう》死《じ》輪《りん》轉《でん》家《げ》

決《けッ》以《ち》疑《ぎ》情《じよう》爲《い》所《しよ》止《し》

速《そく》入《にう》寂《じやく》靜《じよう》無《む》爲《い》樂《らく》

必《ひッ》以《ち》信《しん》心《じん》爲《い》能《のう》入《にう》

弘《ぐ》經《きょう》大《だい》士《じ》宗《しゅう》師《し》等《とう》
拯《じょう》濟《さい》無《む》邊《へん》極《ごく》濁《じょく》惡《あく》
道《どう》俗《ぞく》時《じ》衆《しゅう》共《ぐ》同《どう》心《しん》
唯《ゆい》可《か》信《しん》斯《し》高《こう》僧《そう》説《せ》

五淘
重初

南無阿彌陀佛

南無阿彌陀佛

南無阿彌陀佛

南無阿彌陀佛

南無阿彌陀佛

南無

彌《み》陀《だ》大《だい》悲《ひ》の誓《せい》願《がん》を

ふかく信《しん》ぜんひとはみな

ねてもさめてもへだてなく

南《な》無《む》阿《あ》彌《み》陀《だ》佛《ぶ》をとなふ《のう》べし

南無阿彌陀佛

南無阿彌陀佛

南無阿彌陀佛

南無阿彌陀佛

南無

聖道門《しょうどうもん》のひとはみな

自《じ》力《りき》の心《しんの》をむねとして
他《た》力《りき》不《ふ》思《し》議《ぎ》にいりぬれば
義《ぎ》なきを義《ぎ》とすと信《しん》知《ち》せり
南無阿彌陀佛

南無阿彌陀佛

南無阿彌陀佛

南無

重二

阿彌陀佛

南無阿彌陀佛

南無阿彌陀佛

南無阿彌陀佛

南無阿彌陀佛

南無

釈迦《しゃか》の教法《けうぼう》ましませど

修《しゅ》すべき有情《うじょう》のなきゆゑ《え》に

さとりうるもの末法《まッぽう》に

一人《いちにん》もあらじときたまふ《もう》

南無阿彌陀佛

南無阿彌陀佛

南無阿彌陀佛

南無阿彌陀佛

南無

三朝《さんちょう》浄土《じょうど》の大師《だいし》等《とう》

哀愍《あいみん》攝受《せうじゅ》したまひ《い》て

眞《しん》實《じ》信《しん》心《じん》すゝめしめ
定聚《じょうじゅ》のくらゐにいれしめよ
南無阿彌陀佛
南無阿彌陀佛

南無阿彌陀佛

三重
南無阿彌陀佛

南無阿彌陀佛

南無阿彌陀佛

南無阿彌陀佛

南無阿彌陀佛

南無

他力《たりき》の信心《しんじん》うるひとを

うやまび《い》おぼ《お》きによろこべば
すなは《わ》ちわが親《しん》友《ぬ》ぞと
教《けう》主《しゅ》世《せ》尊《そん》は《な》ほめたまふ《もう》

南無阿彌陀佛

南無阿彌陀佛
南無阿彌陀佛
南無阿彌陀佛
南無

如《にょ》來《らい》大《だい》悲《ひ》の恩《おん》徳《どく》は
身《み》を粉《こ》にしても報《ほう》ずべし
師《し》主《しゅ》知《ち》識《しき》の恩《おん》徳《どく》も
ほねをくだきても謝《しゃ》すべし

五遍反

南無阿彌陀佛

南無阿彌陀佛

南無阿彌陀佛

南無阿彌陀佛

南無阿彌

入楽之時
心

○願以此功徳
平等施一切
同發菩提心
往生安樂國

正信偈真四句目下
念仏和讃五淘・弥陀大悲の誓願を

二〇〇六年一二月一〇日　初版第一刷発行
二〇二二年　八月二五日　初版第五刷発行

編　集　法藏館編集部

発行者　西　村　明　高

発行所　株式会社　法藏館
京都市下京区正面通烏丸東入
郵便番号　六〇〇-八一五三
電話　〇七五-三四三-〇〇三〇（編集）
〇七五-三四三-五六五六（営業）

印刷・三星社　製本・山崎紙工

ISBN978-4-8318-9224-9 C3015